Impressum
Verlag: BABADADA GmbH, Nedderfeld 112 , 22529 Hamburg
Geschäftsführer / Verlagsleitung: Harald Hof
Druck: Books on Demand GmbH, In de Tarpen 42, 22848 Norderstedt

Imprint
Publisher: BABADADA GmbH, Nedderfeld 112 , 22529 Hamburg, Germany
Managing Director / Publishing direction: Harald Hof
Print: Books on Demand GmbH, In de Tarpen 42, 22848 Norderstedt

школа

l'école

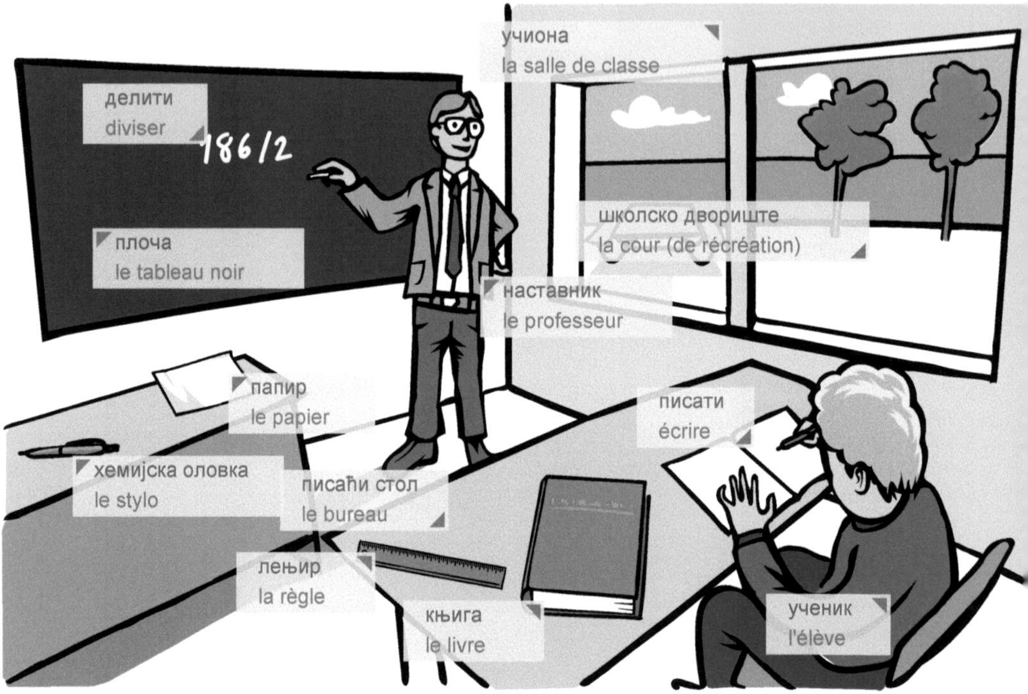
учиона
la salle de classe
делити
diviser
186/2
плоча
le tableau noir
школско двориште
la cour (de récréation)
наставник
le professeur
папир
le papier
писати
écrire
хемијска оловка
le stylo
писаћи стол
le bureau
лењир
la règle
књига
le livre
ученик
l'élève

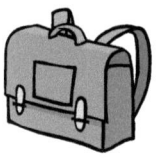

торба

le cartable

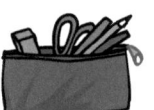

перница

la trousse

графитна оловка

le crayon

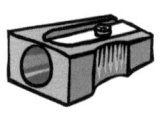

шиљило за оловке

le taille-crayon

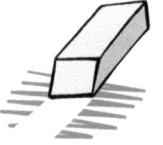

гумица за брисање

la gomme

блок за цртање

le carnet à dessin

цртеж

le dessin

кист

le pinceau

кутија са бојама

la boîte de peinture

маказе

les ciseaux

лепило

la colle

бележница

le cahier d'exercices

домаћи задатак

les devoirs

број

le chiffre

сабирати

additionner

одузимати

soustraire

множити

multiplier

рачунати

calculer

слово

la lettre

абецеда

l'alphabet

реч

le mot

текст

le texte

читати

lire

креда

la craie

час

la leçon

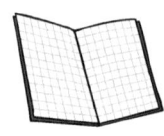

дневник

le livre de classe

испит

l'examen

сведочанство

le certificat

школска униформа

l'uniforme scolaire

образовање

la formation

лексикон

le lexique

универзитет

l'université

микроскоп

le microscope

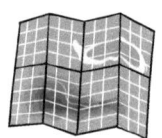

карта

la carte

кошара за папир

la corbeille à papier

школа - l'école

хотел
l'hôtel

Grand

пренoћиште
l'auberge

ROOMS

мењачница
le bureau de change

ECHANGE

кофер
la valise

ауто
la voiture

језик
la langue

да / не
oui / non

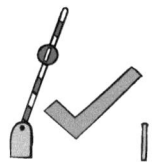

океј
d'accord

здраво
Salut

преводилац
l'interprète

хвала
merci

Колико кошта...?

Combien coûte...?

не разумем

Je ne comprends pas

проблем

le problème

добро вече!

Bonsoir !

Добро јутро!

Bonjour !

Лаку ноћ!

Bonne nuit !

довиђења

Au revoir

смер

la direction

пртљага

les bagages

торба

le sac

руксак

le sac-à-dos

гост

l'hôte

соба

la pièce

врећа за спавање

le sac de couchage

шатор

la tente

туристичке информације
....
l'office de tourisme

плажа
....
la plage

кредитна картица
....
la carte de crédit

доручак
....
le petit-déjeuner

ручак
....
le déjeuner

вечера
....
le dîner

карта за вожњу
....
le billet

лифт
....
l'ascenseur

поштанска маркица
....
le timbre

граница
....
la frontière

царина
....
la douane

амбасада
....
l'ambassade

виза
....
le visa

пасош
....
le passeport

транспорт
le transport

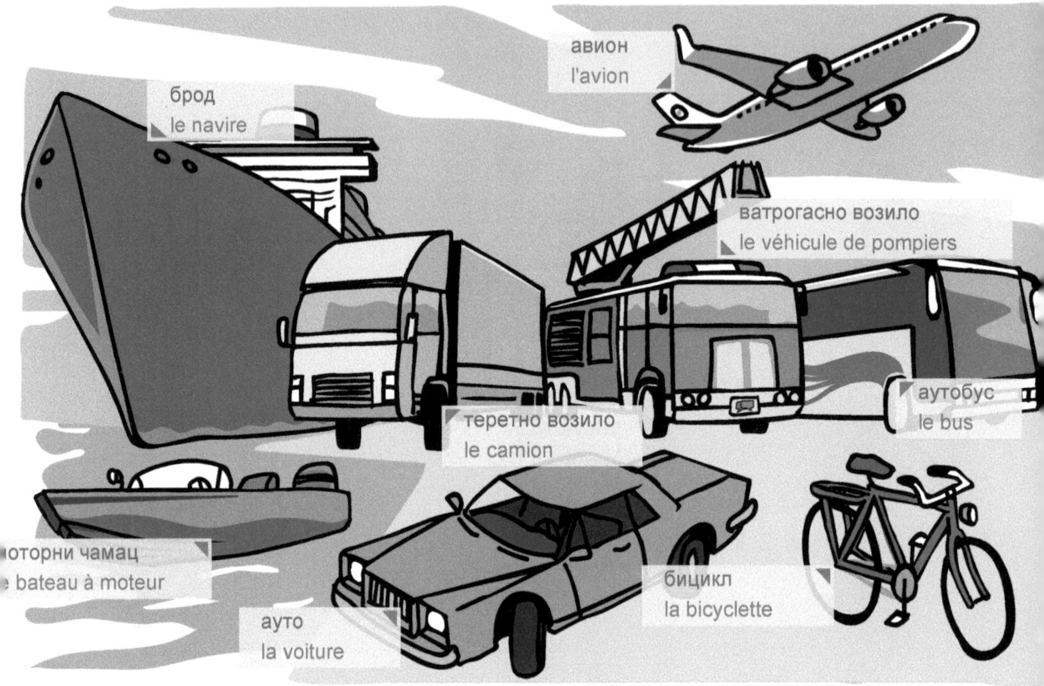

авион
l'avion
брод
le navire
ватрогасно возило
le véhicule de pompiers
аутобус
le bus
теретно возило
le camion
оторни чамац
bateau à moteur
бицикл
la bicyclette
ауто
la voiture

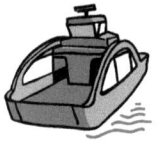

трајект

le ferry

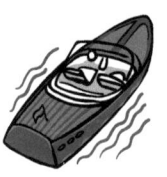

чамац

la barque

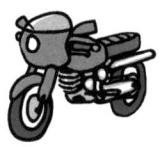

мотоцикл

la moto

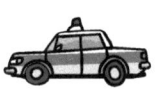

полицијски ауто

la voiture de police

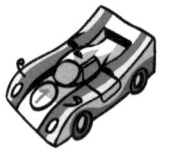

тркаћи ауто

la voiture de course

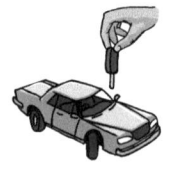

изнајмљено ауто

la voiture de location

деление аутомобила

l'auto-partage

вучно возило

la voiture de remorquage

возило за одвоз смећа

la benne à ordures

мотор

le moteur

бензин

l'essence

бензинска станица

la station d'essence

саобраћајни знак

le panneau indicateur

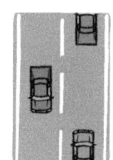

саобраћај

le trafic

застој

l'embouteillage

паркиралиште

le parking

железничка станица

la gare

шине

les rails

воз

le train

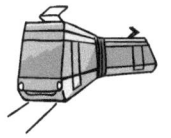

трамвај

le tramway

вагон

le wagon

хеликоптер

l'hélicoptère

аеродром

l'aéroport

кула

la tour

путник

le passager

контејнер

le conteneur

картон

le carton

колица

le chariot

корпа

la corbeille

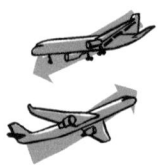

узлетети / слетети

décoller / atterrir

град

la ville

село

le village

центар града

le centre-ville

кућа

la maison

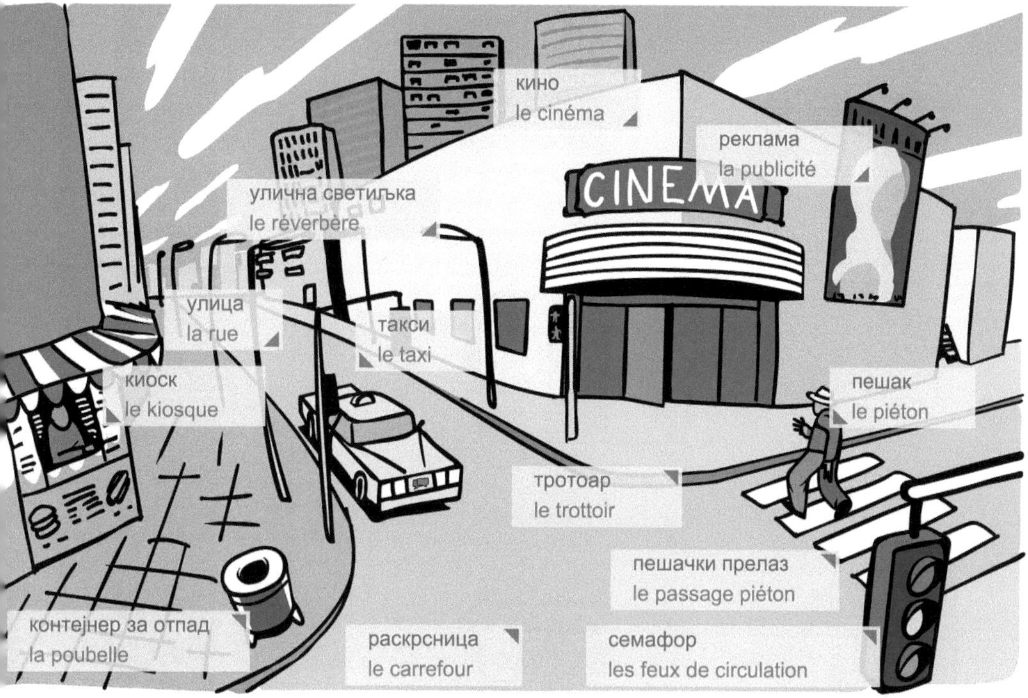

кино
le cinéma
CINEMA
реклама
la publicité
улична светиљка
le réverbère
улица
la rue
такси
le taxi
киоск
le kiosque
пешак
le piéton
тротоар
le trottoir
пешачки прелаз
le passage piéton
контејнер за отпад
la poubelle
раскрсница
le carrefour
семафор
les feux de circulation

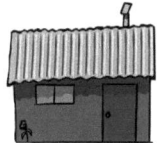

колиба

la cabane

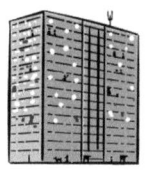

стан

l'appartement

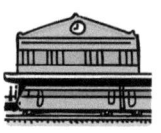

железничка станица

la gare

већница

la mairie

MUSEUM

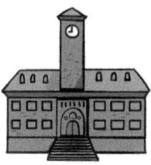

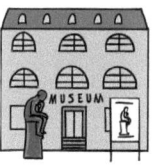

музеј

le musée

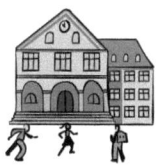

школа

l'école

универзитет

l'université

банка

la banque

болница

l'hôpital

хотел

l'hôtel

апотека

la pharmacie

канцеларија

le bureau

књижара

la librairie

продавница

le magasin

цвећара

le fleuriste

супермаркет

le supermarché

трг

le marché

робна кућа

le grand magasin

рибарница

la poissonnerie

трговачки центар

le centre commercial

лука

le port

парк

le parc

клупа

la banque

мост

le pont

степенице

les escaliers

подземна железница

le métro

тунел

le tunnel

аутобуска станица

l'arrêt de bus

бар

le bar

ресторан

le restaurant

поштанско сандуче

la boîte à lettres

улични знак

le panneau indicateur

паркирни аутомат

le parcmètre

зоолошки врт

le zoo

базен

le réverbère

џамија

la mosquée

сеоско газдинство

la ferme

загађење околине

la pollution

гробље

la cimetière

црква

l'église

игралиште

l'aire de jeux

храм

le temple

пејсаж
le paysage

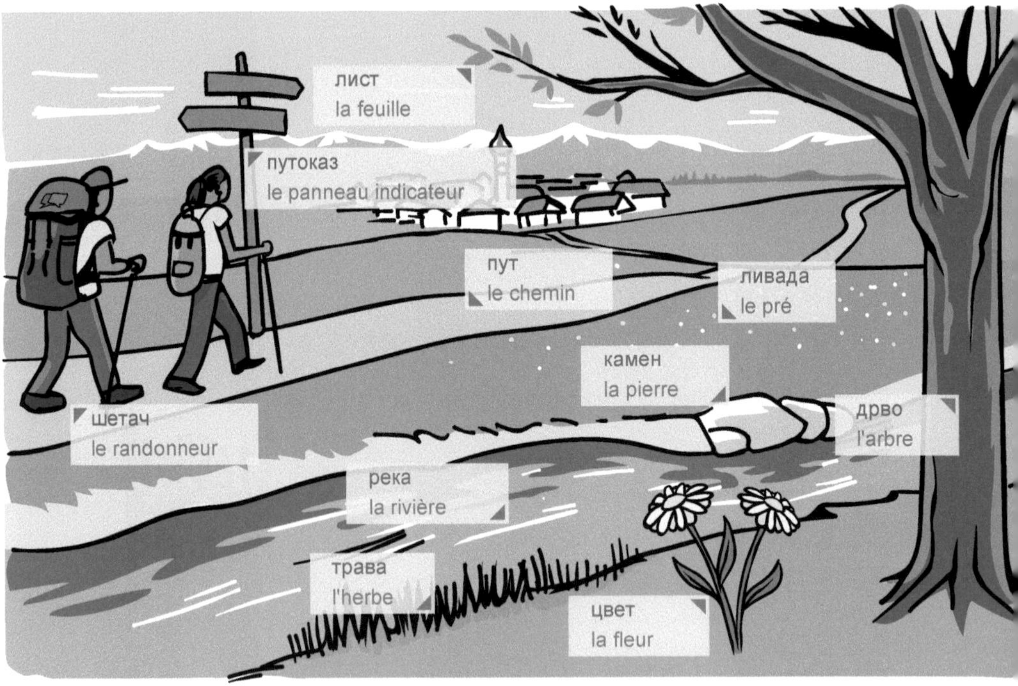

лист
la feuille

путоказ
le panneau indicateur

пут
le chemin

ливада
le pré

камен
la pierre

дрво
l'arbre

шетач
le randonneur

река
la rivière

трава
l'herbe

цвет
la fleur

долина

la vallée

планина

la montagne

језеро

le lac

шума

la forêt

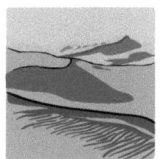

пустиња

le désert

вулкан

le volcan

дворац

le château

дуга

l'arc-en-ciel

гљива

le champignon

палма

le palmier

москито

le moustique

мува

la mouche

мрав

les fourmis

пчела

l'abeille

паук

l'araignée

буба

le coléoptère

жаба

la grenouille

веверица

l'écureuil

јеж

le hérisson

зец

le lièvre

сова

la chouette

птица

l'oiseau

лабуд

le cygne

дивља свиња

le sanglier

јелен

le cerf

лос

l'élan

насип

le barrage

ветрењача

l'éolienne

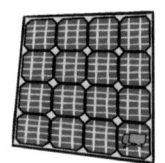

соларна плоча

le panneau solaire

клима

le climat

ресторан
le restaurant

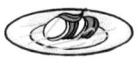

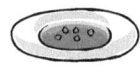

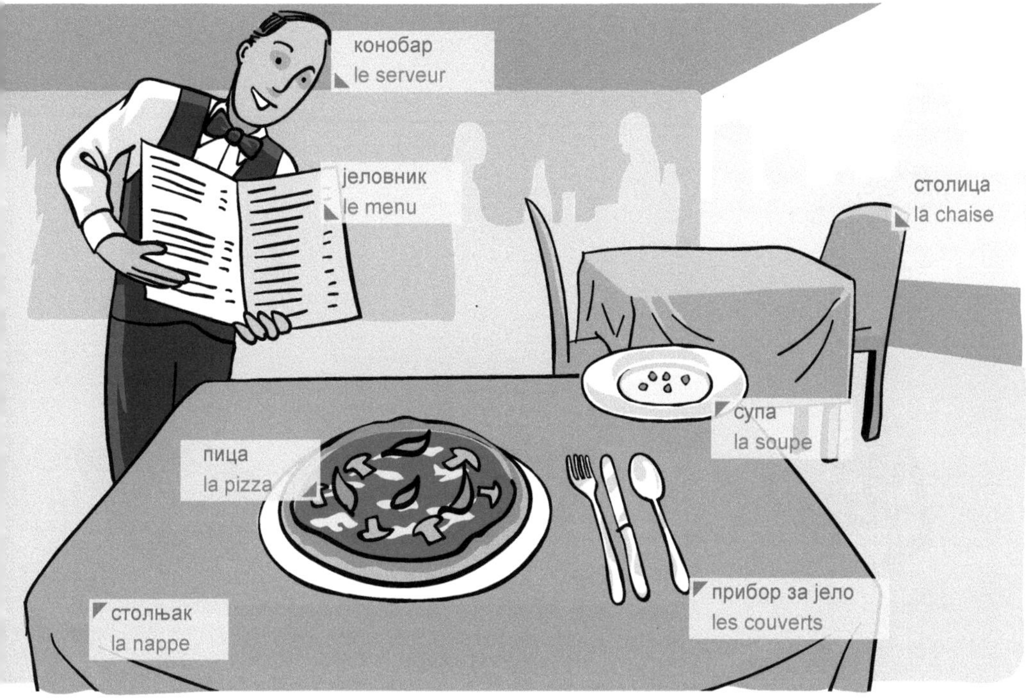
конобар
le serveur
јеловник
le menu
столица
la chaise
супа
la soupe
пица
la pizza
прибор за јело
les couverts
столњак
la nappe

предјело
les hors d'œuvre

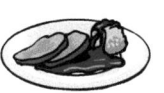

главно јело
le plat principal

десерт
le dessert

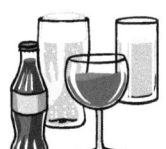

напитци
les boissons

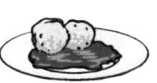

јело
l'alimentation

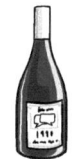

флаша
la bouteille

брза храна

le fast-food

имбис храна

les plats à emporter

чајник

la théière

доза за шећер

le sucrier

порција

la portion

апарат за еспресо

la machine à expresso

висока столица

la chaise haute

рачун

la facture

послужавник

le plateau

нож

le couteau

виљушка

la fourchette

кашика

la cuillère

чајна кашика

la cuillère à thé

салвета

la serviette

чаша

le verre

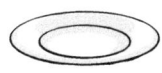

тањир

l'assiette

тањир за супу

l'assiette à soupe

тањирић

la soucoupe

сос

la sauce

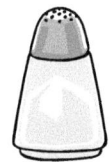

сољенка

la salière

млин за бибер

le moulin à poivre

сирће

le vinaigre

уље

l'huile

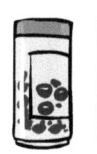

зачини

les épices

кечап

le ketchup

сенф

la moutarde

мајонеза

la mayonnaise

супермаркет
le supermarché

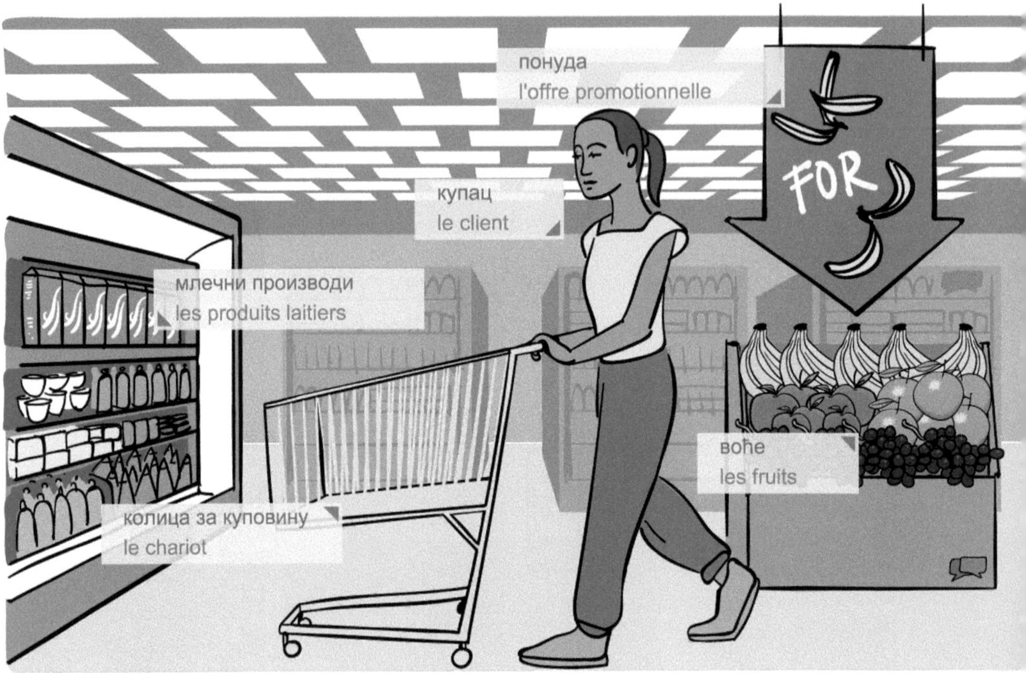

понуда
l'offre promotionnelle
FOR
купац
le client
млечни производи
les produits laitiers
воће
les fruits
колица за куповину
le chariot

BUTCHERS

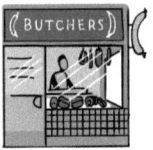

месница

la boucherie

BAKERY

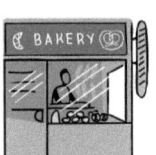

пекара

la boulangerie

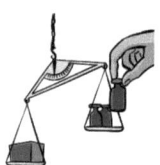

вагати

peser

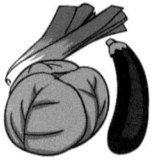

поврће

les légumes

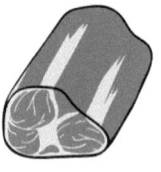

месо

la viande

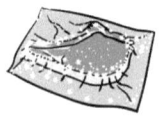

смрзнута храна

les aliments surgelés

нарезак

la charcuterie

конзерве

les conserves

средство за прање

la poudre à lessive

слаткиши

les bonbons

артикли за домаћинство

les articles ménagers

средства за чишћење

les détergents

продавачица

la vendeuse

благајна

la caisse

благајник

le caissier

листа за куповину

la liste d'achats

време рада

les heures d'ouverture

новчаник

le portefeuille

кредитна картица

la carte de crédit

торба

le sac

пластична кеса

le sac en plastique

вода

l'eau

сок

le jus de fruit

млеко

le lait

кола

le coca

вино

le vin

пиво

la bière

алкохол

l'alcool

какао

le chocolat chaud

чај

le thé

кава

le café

еспресо

l'expresso

капућино

le cappuccino

банана

la banane

јабука

la pomme

наранџа

l'orange

лубеница

le melon

лимун

le citron.

шаргарепа

la carotte

бели лук

l'ail

бамбус

le bambou

лук

l'oignon

гљива

le champignon

орашасти плодови

les noisettes

резанци

les pâtes

шпагете

les spaghetti

рижа

le riz

салата

la salade

помфрит

les pommes frites

печени крумпир

les pommes de terre rôties

пица

la pizza

хамбургер

le hamburger

сендвич

le sandwich

шницла

l'escalope

шунка

le jambon

салама

le salami

кобасица

la saucisse

кокош

le poulet

печење

le rôti

риба

le poisson

зобене пахуљице

les flocons d'avoine

мусли

le muesli

кукурузне пахуљице

les cornflakes

брашно

la farine

кроасан

le croissant

пециво

les petits-pains

хлеб

le pain

тоаст

le pain grillé

кекси

les biscuits

маслац

le beurre

свежи сир

le fromage blanc

колач

le gâteau

jaje

l'œuf

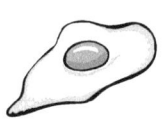

jaje на око

l'œuf au plat

сир

le fromage

сладолед

la glace

шећер

le sucre

мед

le miel

мармелада

la confiture

нугат крема

la crème nougat

кари

le curry

сеоско газдинство
la ferme

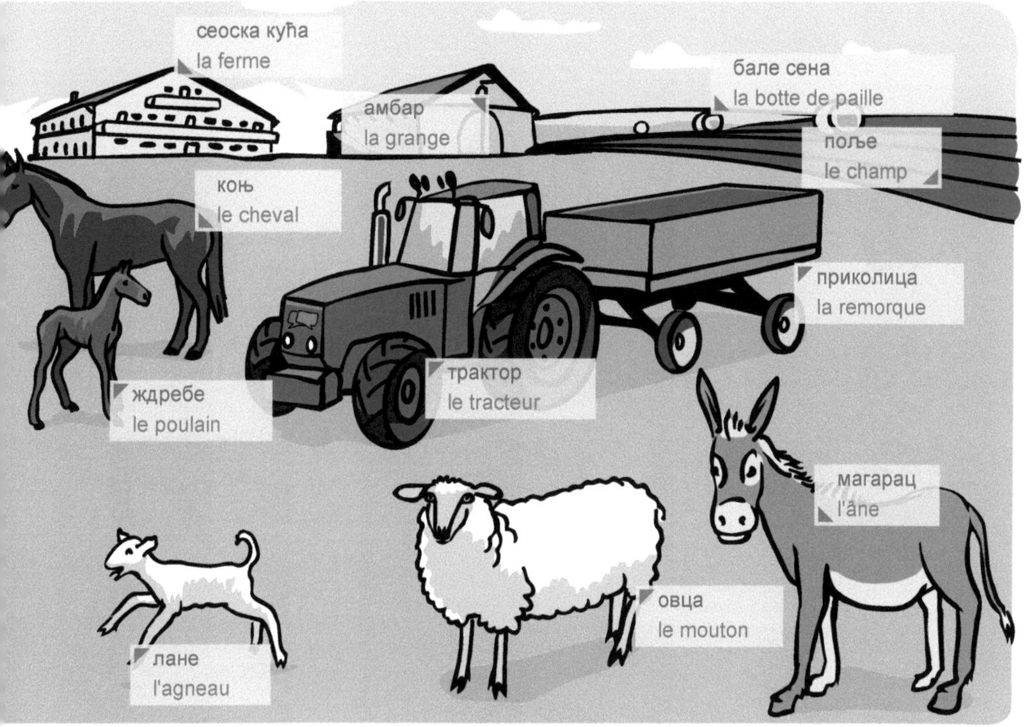

сеоска кућа
la ferme
амбар
la grange
бале сена
la botte de paille
поље
le champ
коњ
le cheval
приколица
la remorque
трактор
le tracteur
ждребе
le poulain
магарац
l'âne
овца
le mouton
лане
l'agneau

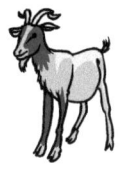

коза

la chèvre

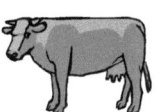

крава

la vache

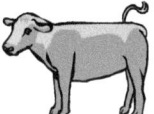

теле

le veau

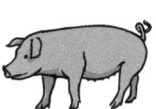

свиња

le porc

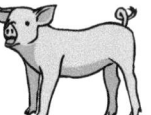

прасе

le porcelet

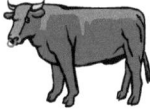

бик

le taureau

гуска

l'oie

патка

le canard

пилићи

le poussin

кокош

la poule

петао

le coq

пацов

le rat

мачка

le chat

миш

la souris

вол

le bœuf

пас

le chien

кућица за пса

le chenil

вртно црево

le tuyau de jardin

канта за поливање

l'arrosoir

коса

la faucheuse

плуг

la charrue

срп

la faucille

мотика

la pioche

виљушка за ђубриво

la fourche

секира

la hache

тачке

la brouette

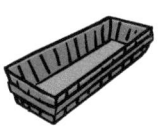

корито

la cuve

посуда за млеко

le pot à lait

врећа

le sac

ограда

la clôture

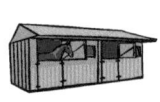

штала

l'étable

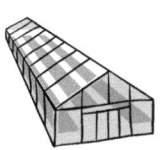

стакленик

le serre

земља

le sol

семе

les semences

ђубриво

l'engrais

комбајн

la moissonneuse-batteuse

жети
....
récolter

жетва
....
la récolte

јамс зачин
....
l'igname

пшеница
....
le blé

соја
....
le soja

крумпир
....
la pomme de terre

кукуруз
....
le maïs

уљана репица
....
le colza

воћка
....
l'arbre fruitier

гомољ маниоке
....
le manioc

житарице
....
les céréales

кућа
la maison

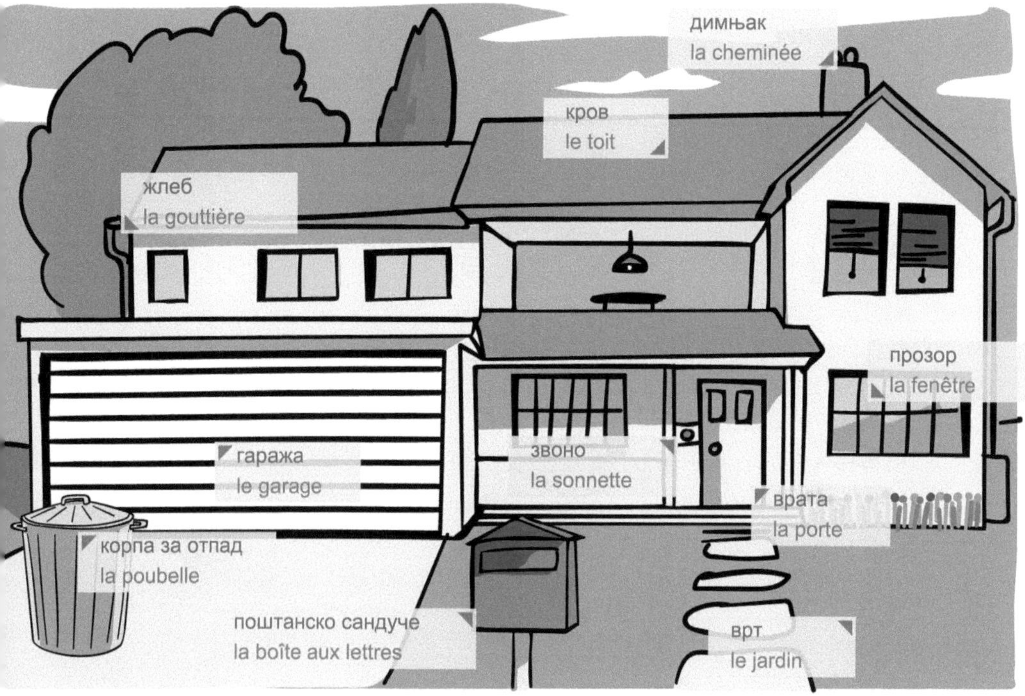

димњак
la cheminée
кров
le toit
жлеб
la gouttière
прозор
la fenêtre
гаража
le garage
звоно
la sonnette
врата
la porte
корпа за отпад
la poubelle
поштанско сандуче
la boîte aux lettres
врт
le jardin

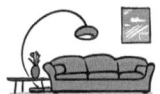

дневна соба

le salon

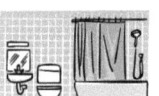

купаоница

la salle de bain

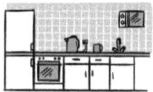

кухиња

la cuisine

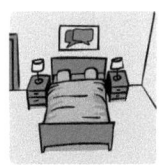

спаваћа соба

la chambre à coucher

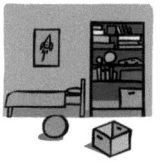

дечија соба

la chambre d'enfant

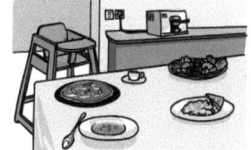

трпезарија

la salle à manger

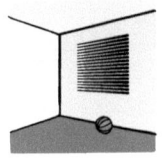

под
....
le sol

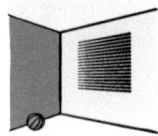

зид
....
le mur

строп
....
le plafond

подрум
....
la cave

сауна
....
le sauna

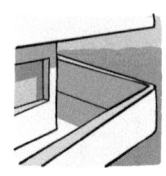

балкон
....
le balcon

тераса
....
la terrasse

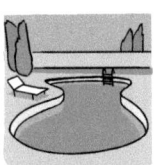

базен
....
la piscine

косилица за траву
....
la tondeuse à gazon

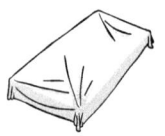

постељина за кревет
....
la housse

дека за кревет
....
la couette

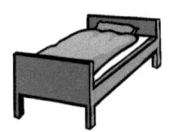

кревет
....
le lit

метла
....
le balai

канта
....
le sceau

прекидач
....
l'interrupteur

дневна соба

le salon

тапета
le papier peint
слика
l'image
светиљка
la lampe
регал
l'étagère
ормар
l'armoire
телевизија
la télé
камин
la cheminée
цвет
la fleur
јастук
le coussin
кауч
le sofa
ваза
le vase
даљински управљач
la télécommande

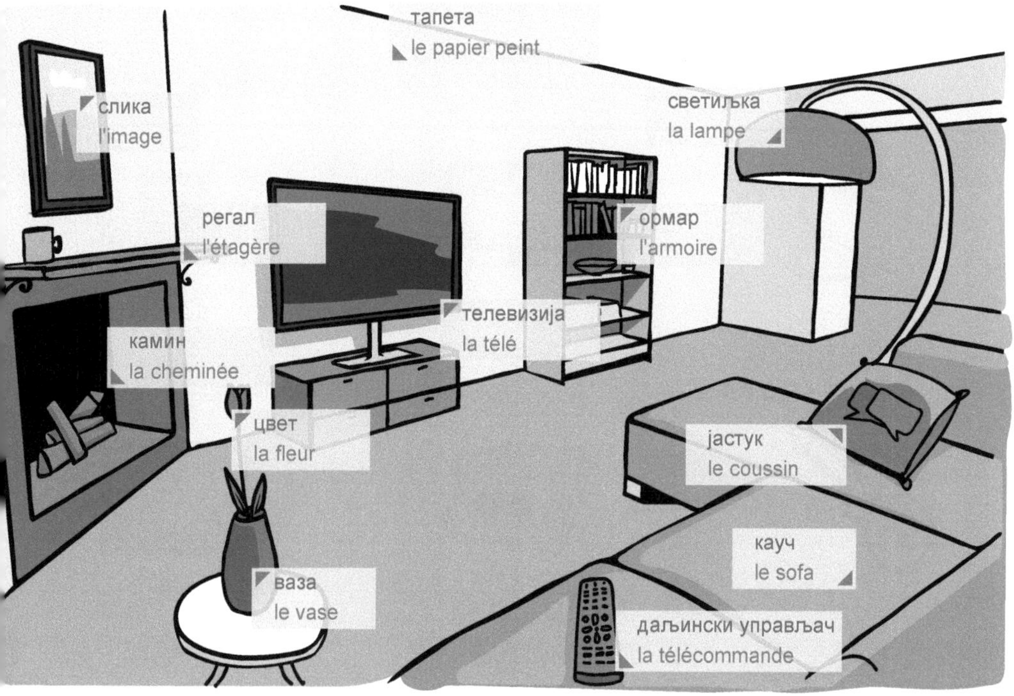

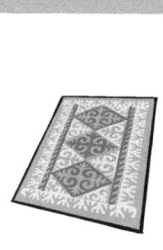

тепих
le tapis

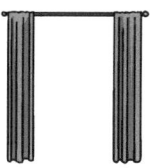

завеса
le rideau

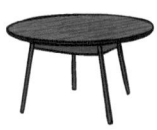

сто
la table

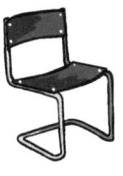

столица
la chaise

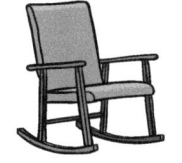

столица за њихање
la chaise à bascule

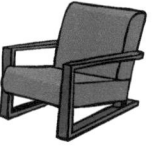

фотеља
le fauteuil

књига
le livre

дека
la couverture

декорација
la décoration

дрво за огрев
le bois de chauffage

филм
le film

хи-фи уређај
la chaîne hi-fi

кључ
la clé

новине
le journal

слика на платну
la peinture

постер
le poster

радио
la radio

блок за писање
le bloc-notes

усисивач
l'aspirateur

кактус
le cactus

свећа
la bougie

кухиња
la cuisine

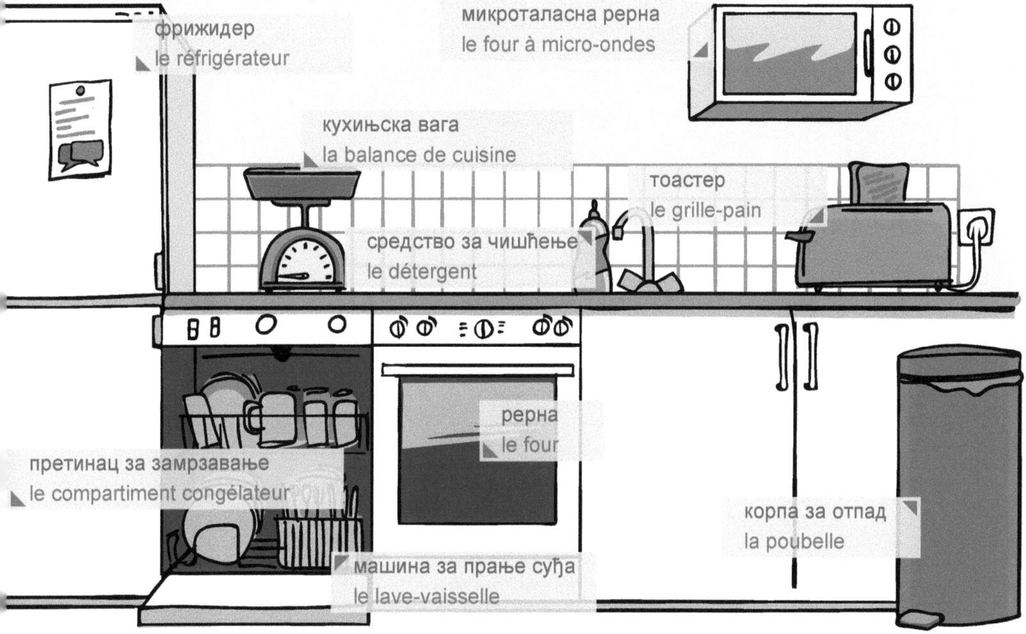

фрижидер
le réfrigérateur
микроталасна рерна
le four à micro-ondes
кухињска вага
la balance de cuisine
тоастер
le grille-pain
средство за чишћење
le détergent
рерна
le four
претинац за замрзавање
le compartiment congélateur
корпа за отпад
la poubelle
машина за прање суђа
le lave-vaisselle

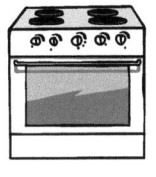

шпорет
le four

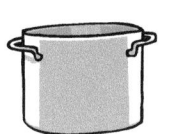

лонац
la casserole

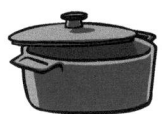

гвоздени лонац
la marmite

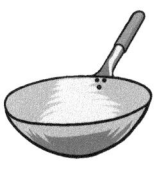

вок / кадаи
le wok / kadai

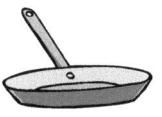

тава
la poêle

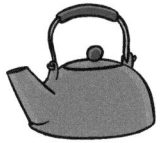

кувало за воду
la bouilloire electrique

кувало на пару

le cuiseur vapeur

лим за печење

la plaque de cuisson

посуђе

la vaisselle

чаша

le gobelet

посуда

la coupe

штапићи за јело

les baguettes

кутлача

la louche

лопатица

la spatule

пењача

le fouet

сито за кување

la passoire

сито

le tamis

рибеж

la râpe

мужар

le mortier

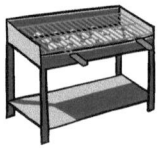

роштиљ

le barbecue

огњиште

la cheminée

даска

la planche à découper

оклагија

le rouleau à pâtisserie

вадичеп

le tire-bouchon

конзерва

la boîte

отварач конзерви

l'ouvre-boîte

крпа за лонац

les maniques

судопер

le lavabo

четка

la brosse

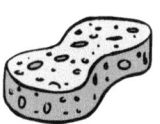

сунђер

l'éponge

миксер

le mixeur

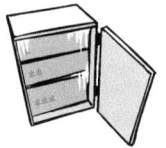

замрзивач

le congélateur

флашица за бебе

le biberon

славина за воду

le robinet

купаоница

la salle de bain

грејање
le chauffage
пешкир
la serviette
туш
la douche
завеса за туш
le rideau de douche
пенушава купка
le bain moussant
када
la baignoire
чаша
le verre
машина за прање веша
la machine à laver
славина за воду
le robinet
плочице
le carrelage
тута
le pot
судопер
le lavabo

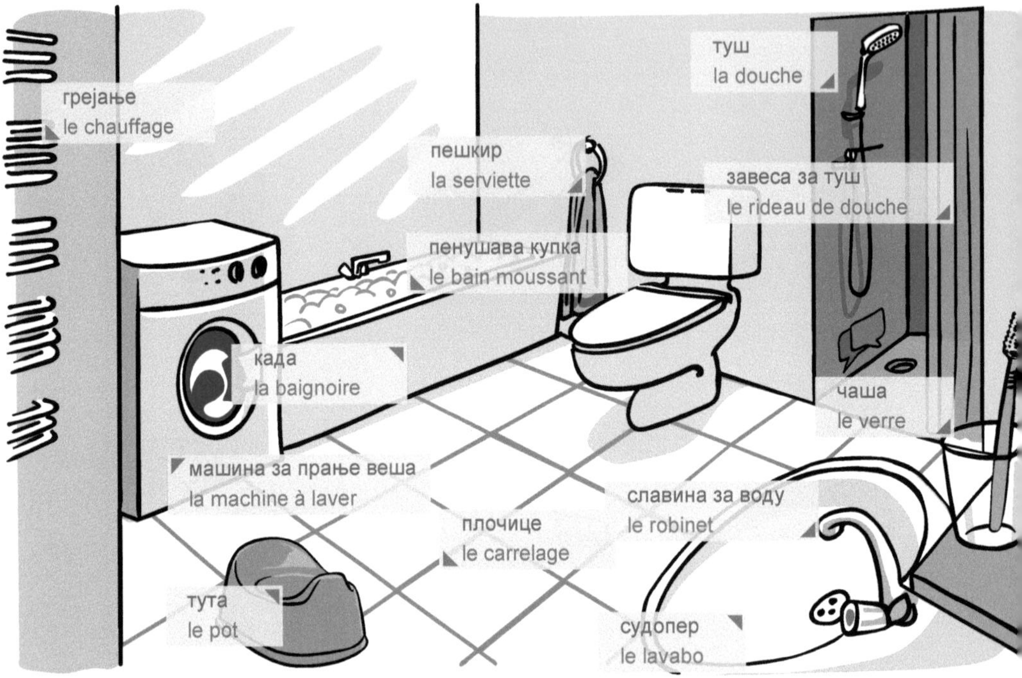

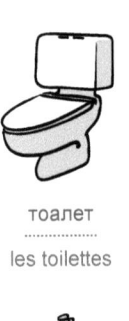

тоалет

les toilettes

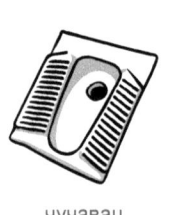

чучавац

la toilette à la turque

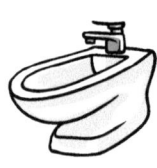

бидет

le bidet

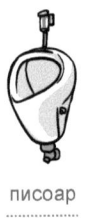

писоар

l'urinoir

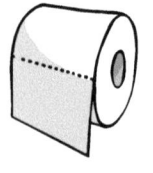

тоалетни папир

le papier toilette

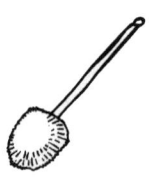

четка за тоалет

la brosse à toilette

четкица за зубе

la brosse à dents

паста за зубе

le dentifrice

конац за зубе

le fil dentaire

прати

laver

туш ручица

la douche manuelle

туш за прање интимних делова

la douche intime

лавор

la vasque

четка за прање леђа

la brosse dorsale

сапун

le savon

гел за туширање

le gel douche

шампон

le shampooing

крпа за прање

le gant de toilette

одвод

l'écoulement

крема

la crème

дезодоранс

le déodorant

огледало

le miroir

козметичко огледало

le miroir cosmétique

бријач

le rasoir

пена за бријање

la mousse à raser

лосион за после бријања

l'après-rasage

чешаљ

la peigne

четка

la brosse

фен за косу

le sèche-cheveux

спреј за косу

la laque pour cheveux

шминка

le fond de teint

руж за усне

le rouge à lèvres

лак за нокте

le vernis à ongles

вата

l'ouate

маказе за нокте

le coupe-ongles

парфем

le parfum

козметичка торбица

la trousse de toilette

столица

le tabouret

вага

le pèse-personne

огртач

le peignoir

рукавице за чишћење

les gants de nettoyage

тампон

le tampon

уложак

les serviettes hygiéniques

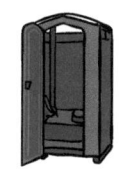

хемијски тоалет

la toilette chimique

дечија соба
la chambre d'enfant

будилник
le réveil
плишана играчка
le doudou
ауто играчка
la voiture jouet
звечка
le hochet
кућица за лутке
la maison de poupée
поклон
le cadeau

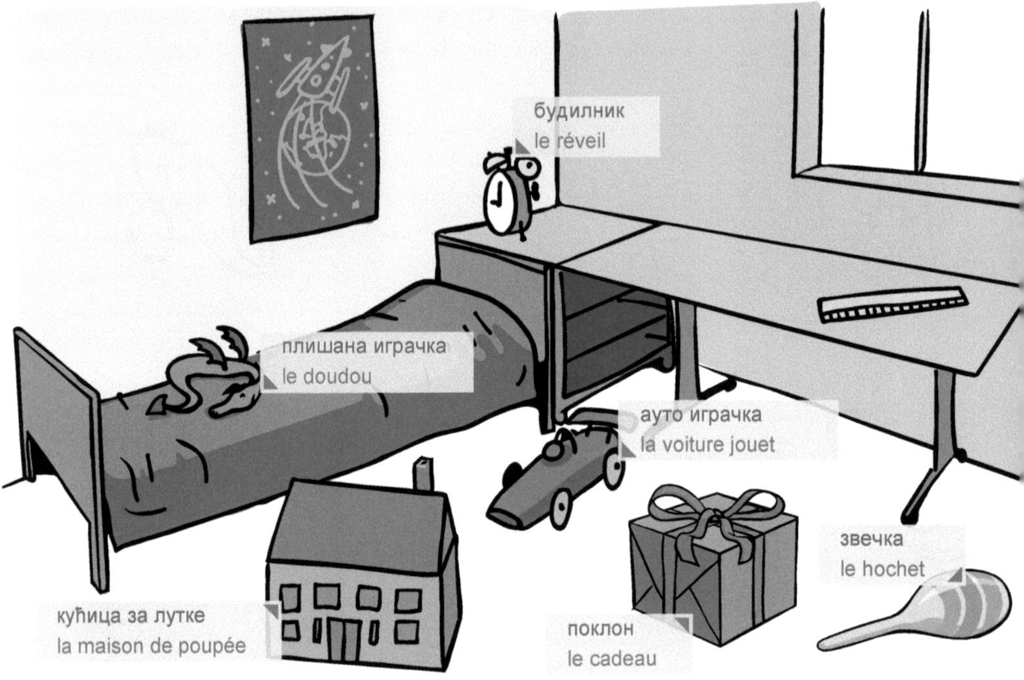

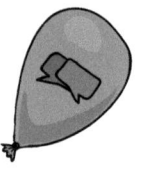

балон
le ballon

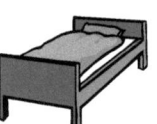

кревет
le lit

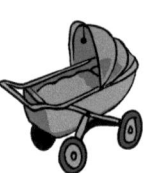

дјечија колица
la poussette

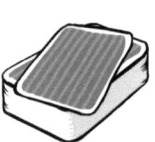

игра са картама
le jeu de cartes

слагалица
le puzzle

SUPER
MEGA

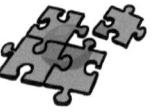

стрип
la bande dessinée

лего коцкице

les pièces lego

коцкице за слагање

les blocs de construction

акциони јунак

la figurine

бенкица за бебе

la grenouillère

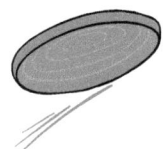

фризби

le frisbee

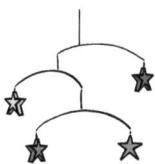

висеће играчке

le mobile

друштвене игре

le jeu de société

коцка

le dé

минијатурна жељезница

le train miniature

дуда

la sucette

забава

la fête

сликовница

le livre d'images

лопта

la balle

лутка

la poupée

играти

jouer

пешчаник

le bac à sable

љуљачка

la balançoire

играчка

les jouets

конзола за игре

la console de jeu

трицикл

le tricycle

теди

l'ours en peluche

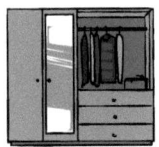

ормар

l'armoire

одећа

les vêtements

кратке чарапе

les chaussettes

чарапе

les bas

хулахопке

le collant

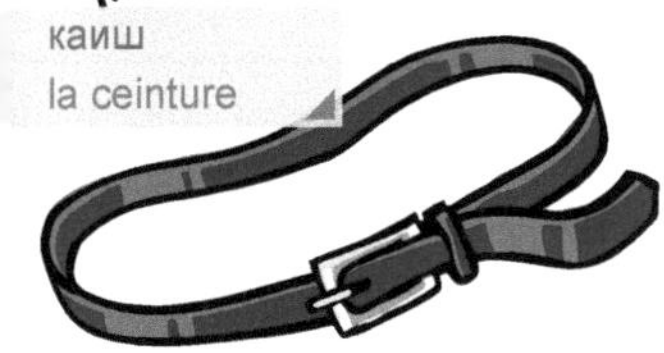

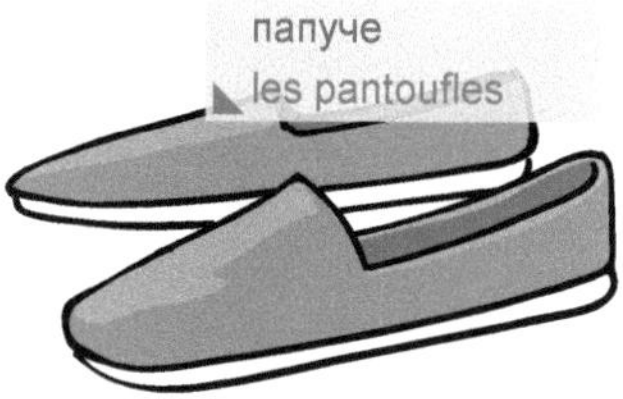

шал
l'écharpe

кишобран
le parapluie

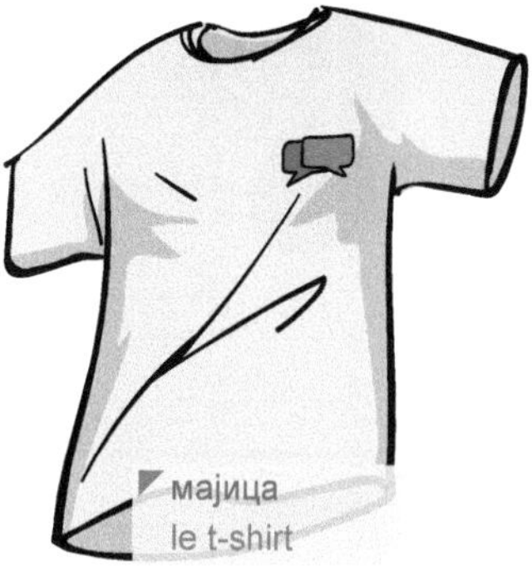

каиш
la ceinture

мајица
le t-shirt

чизме
les bottes

папуче
les pantoufles

патике
les baskets

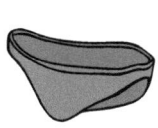

сандале

les sandales

ципеле

les chaussures

гумене чизме

les bottes de caoutchouc

гаћице

les sous-vêtements

грудњак

le soutien-gorge

поткошуља

le maillot de corps

боди
le body

панталоне
le pantalon

фармерке
le jean

сукња
la jupe

блуза
le chemisier

кошуља
la chemise

џемпер
le pull

џемпер с капуљачом
le sweat à capuche

сако
la veste

јакна
la veste

мантил
le manteau

кабаница
l'imperméable

костим
le costume

хаљина
la robe

венчаница
la robe de mariée

одело

le costume

спаваћица

la chemise de nuit

пиџама

le pyjama

сари

le sari

марама за главу

le foulard

турбан

le turban

бурка

la burqa

кафтан

le caftan

абаја

l'abaya

купаћи костим

le maillot de bain

купаће гаћице

le maillot de bain

кратке панталоне

le short

одећа за тренинг

la tenue d'entraînement

кецеља

le tablier

рукавице

les gants

дугме

le bouton

наочаре

les lunettes

наруквица

le bracelet

огрлица

le collier

прстен

la bague

наушница

la boucle d'oreille

капа

le bonnet

вешалица

le cintre

шешир

le chapeau

кравата

la cravate

патент затварач

la fermeture éclair

кацига

le casque

нараменице

les bretelles

школска униформа

l'uniforme scolaire

униформа

l'uniforme

подбрадак

le bavoir

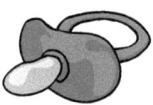

дуда

la sucette

пелена

la lange

канцеларија
le bureau

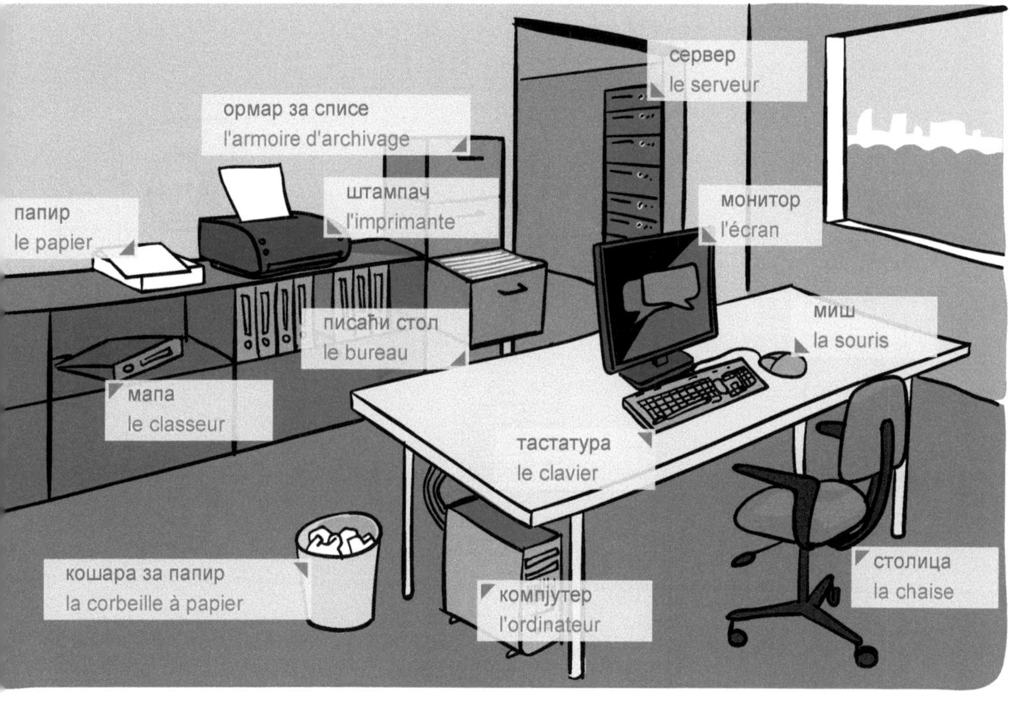

сервер
le serveur

ормар за списе
l'armoire d'archivage

штампач
l'imprimante

монитор
l'écran

папир
le papier

писаћи стол
le bureau

миш
la souris

мапа
le classeur

тастатура
le clavier

кошара за папир
la corbeille à papier

компјутер
l'ordinateur

столица
la chaise

шалица за каву

la tasse de café

калкулатор

la calculatrice

интернет

l'internet

лаптоп

l'ordinateur portable

писмо

la lettre

порука

le message

мобилни телефон

le portable

мрежа

le réseau

уређај за копирање

la photocopieuse

софтвер

le logiciel

телефон

le téléphone

утичница

la prise

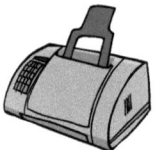

факс

le fax

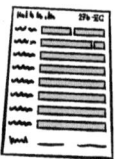

формулар

le formulaire

документ

le document

куповати

acheter

платити

payer

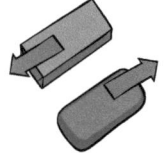

трговати

faire du commerce

новац

la monnaie

 **USD**

долар

le dollar

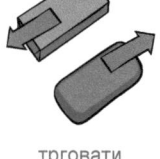 **EUR**

евро

l'euro

 **JPY**

јен

le yen

 **RUB**

рубља

le rouble

 **CHF**

швајцарски франак

le franc suisse

 **CNY**

ренминби јуан

le renminbi yuan

 **INR**

рупија

la roupie

аутомат за новац

le distributeur automatique

мењачница

le bureau de change

злато

l'or

сребро

l'argent

нафта

le pétrole

енергија

l'énergie

цена

le prix

уговор

le contrat

порез

la taxe

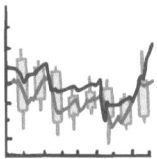

деонице

l'action

радити

travailler

службеник

l'employé

послодавац

l'employeur

фабрика

l'usine

продавница

le magasin

занимања

les professions

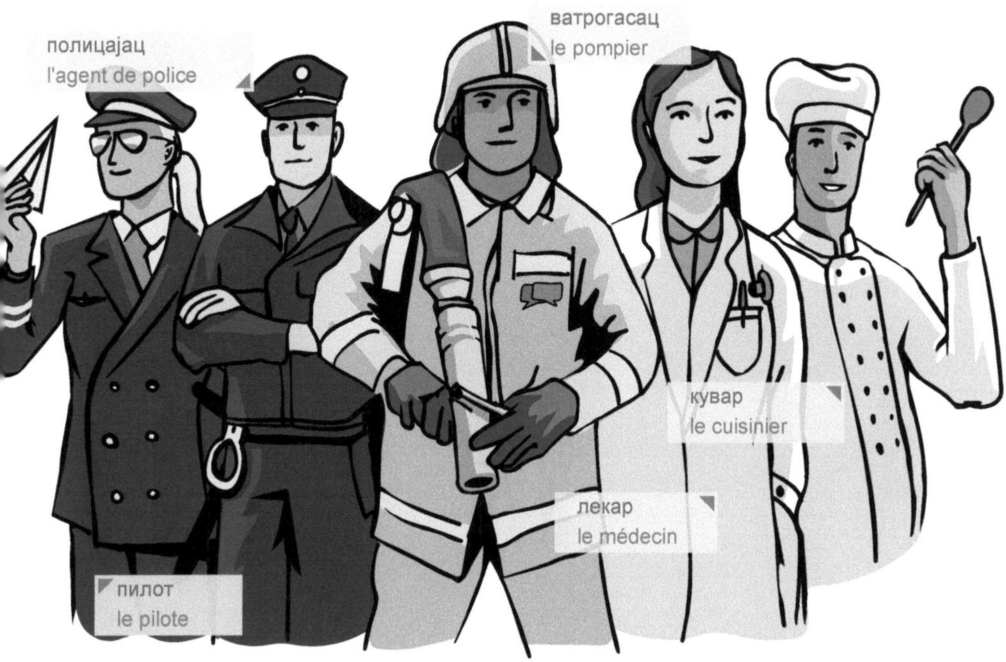
полицајац
l'agent de police
ватрогасац
le pompier
кувар
le cuisinier
лекар
le médecin
пилот
le pilote

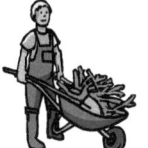

вртлар

le jardinier

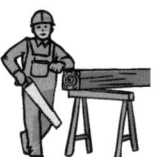

столар

le menuisier

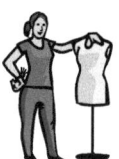

кројачица

la couturière

судија

le juge

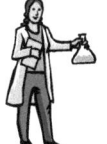

хемичар

le chimiste

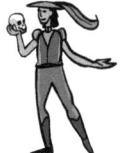

глумац

l'acteur

возач аутобуса

le conducteur de bus

возач таксија

le chauffeur de taxi

рибар

le pêcheur

чистачица

la femme de ménage

кровопокривач

le couvreur

конобар

le serveur

ловац

le chasseur

сликар

le peintre

пекар

le boulanger

електричар

l'électricien

грађевински радник

l'ouvrier

инжењер

l'ingénieur

месар

le boucher

лимар

le plombier

поштар

le facteur

војник
le soldat

архитекта
l'architecte

благајник
le caissier

цвећар
le fleuriste

фризер
le coiffeur

кондуктер
le contrôleur

механичар
le mécanicien

капетан
le capitaine

зубар
le dentiste

научник
le scientifique

раби
le rabbin

имам
l'imam

монах
le moine

свећеник
le prêtre

алати

les outils

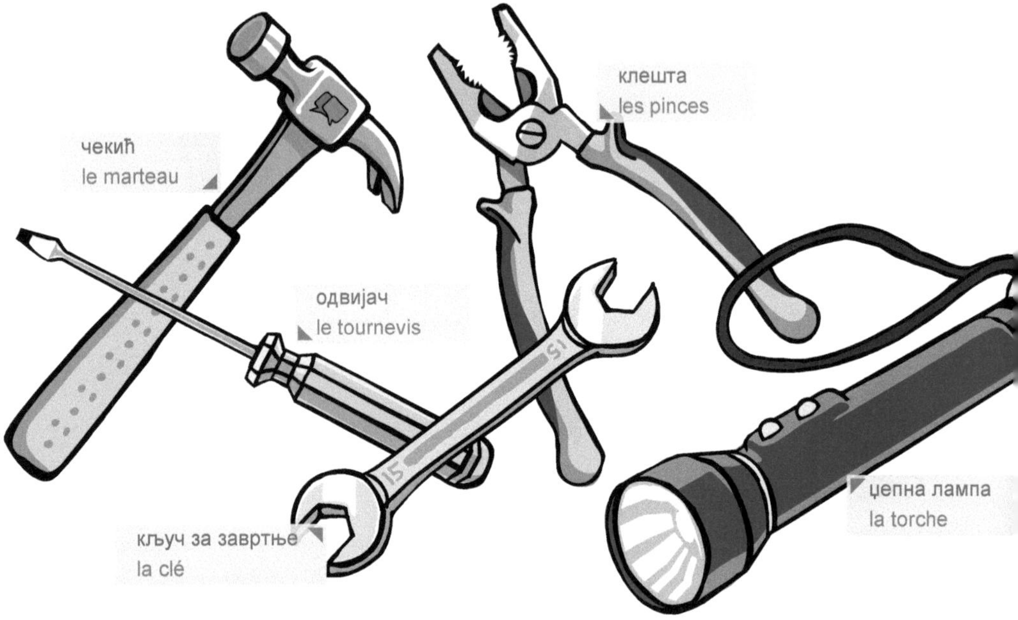

чекић
le marteau
клешта
les pinces
одвијач
le tournevis
ључ за завртње
la clé
џепна лампа
la torche

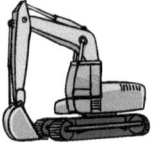

багер

la pelleteuse

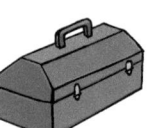

кутија за алат

la boîte à outils

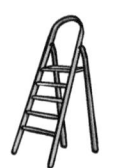

мердевине

l'échelle

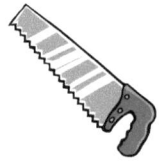

пила

la scie

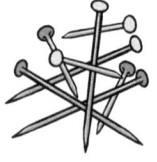

ексер

les clous

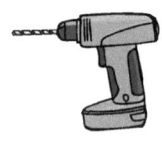

бушилица

la perceuse

поправити

réparer

лопата

la pelle

до ђавола!

Mince !

лопатица

la pelle

лонац за боју

le pot de peinture

завртањи

les vis

музички инструмент
les instruments de musique

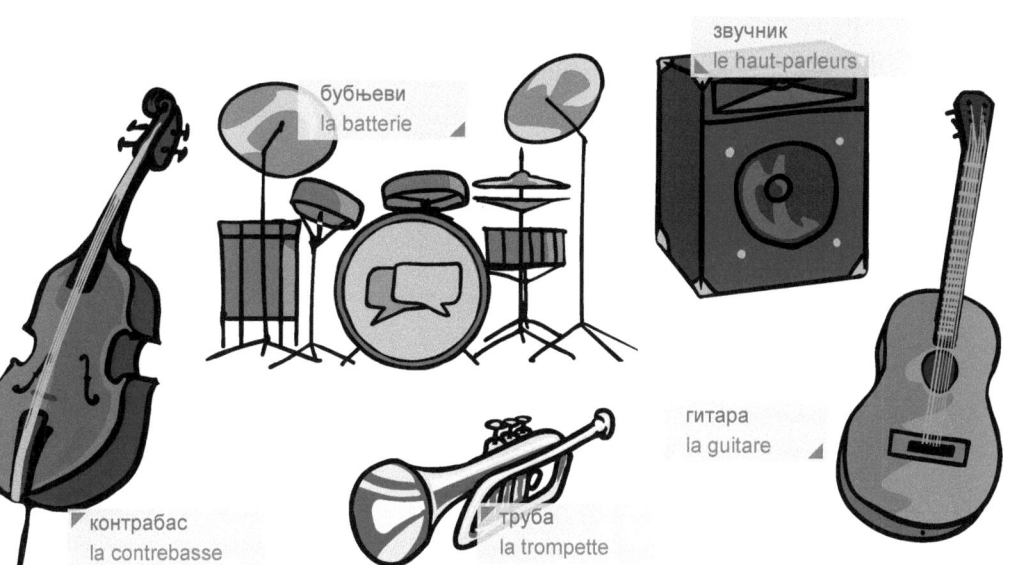

звучник
le haut-parleurs

бубњеви
la batterie

контрабас
la contrebasse

труба
la trompette

гитара
la guitare

клавир

le piano

виолина

le violon

бас

la basse

тимпани

les timbales

удараљке за бубњеве

le tambour

типке клавира

le piano électrique

саксофон

le saxophone

флаута

la flûte

микрофон

le microphone

улаз
l'entrée

тигар
le tigre

кавез
la cage

зебра
le zèbre

храна за животиње
l'alimentation animale

панда
le panda

животиње

les animaux

слон

l'éléphant

кенгур

le kangourou

носорог

le rhinocéros

горила

le gorille

медвед

l'ours

камила

le chameau

нoj

l'autruche

лав

le lion

мајмун

le singe

фламинго

le flamand rose

папагај

le perroquet

поларни медвед

l'ours polaire

пингвин

le pingouin

ајкула

le requin

паун

le paon

змија

le serpent

крокодил

le crocodile

чувар у зоолошком врту

le gardien de zoo

туљан

le phoque

јагуар

le jaguar

пони

le poney

леопард

le léopard

нилски коњ

l'hippopotame

жирафа

la girafe

орао

l'aigle

дивља свиња

le sanglier

риба

le poisson

корњача

la tortue

морж

le morse

лисица

le renard

газела

la gazelle

амерички ногомет
l'american Football

бициклизам
le cyclisme

тенис
le tennis

кошарка
le basket-ball

пливање
la natation

бокс
la boxe

хокеј на леду
le hockey sur glace

фудбал

le football

бадминтон

le badminton

атлетика

l'athlétisme

рукомет

le handball

скијање

le ski

поло

le polo

скочити
sauter

смејати се
rire

загрлити
embrasser

ићи
marcher

певати
chanter

сањати
rêver

молити се
prier

пољубити
faire la bise

писати
écrire

цртати
dessiner

показати
montrer

гурати
pousser

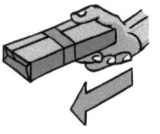

дати
donner

узети
prendre

имати

avoir

чинити

faire

бити

être

стојати

être debout

трчати

courir

повлачити

trier

бацити

jeter

падати

tomber

лежати

être couché

чекати

attendre

носити

porter

седити

être assis

облачити

s'habiller

спавати

dormir

пробудити се

se réveiller

гледати

regarder

плакати

pleurer

миловати

caresser

чешљати

peigner

говорити

parler

разумети

comprendre

питати

demander

слушати

écouter

пити

boire

јести

manger

поспремити

ranger

волети

aimer

кухати

cuire

возити

conduire

летети

voler

пловити

faire de la voile

рачунати

calculer

читати

lire

учити

apprendre

радити

travailler

венчати се

se marier

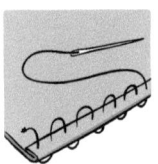

шити

coudre

прати зубе

brosser les dents

убити

tuer

пушити

fumer

послати

envoyer

породица

la famille

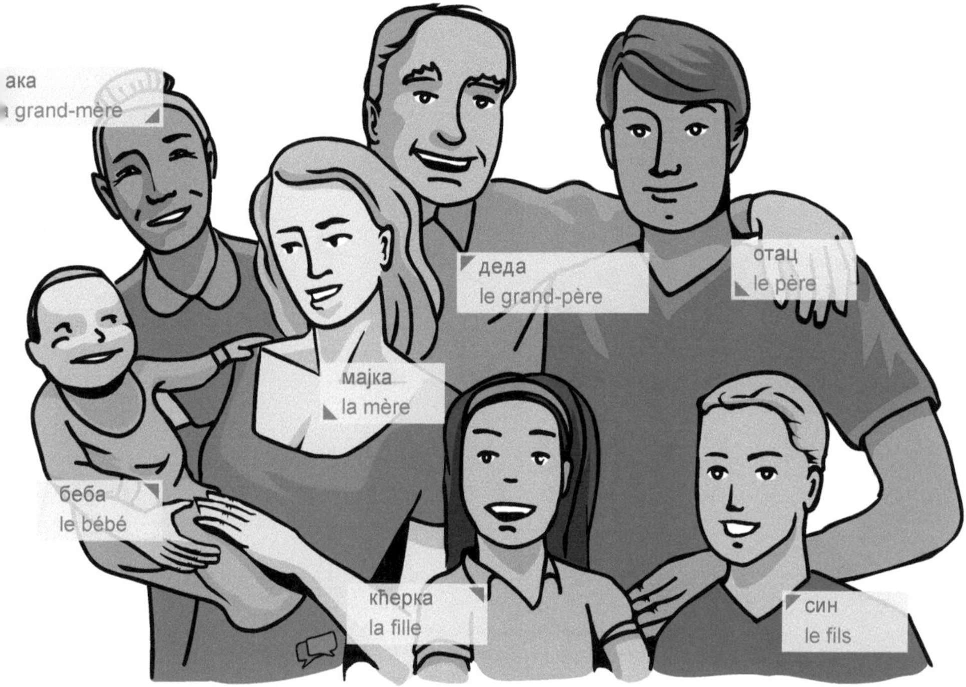

ака
grand-mère
деда
le grand-père
отац
le père
мајка
la mère
беба
le bébé
кћерка
la fille
син
le fils

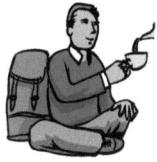

гост

l'hôte

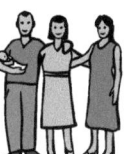

тетка

la tante

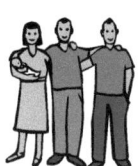

ујак, стриц

l'oncle

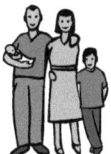

брат

le frère

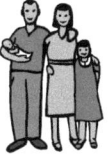

сестра

la sœur

тело
le corps

чело
le front
око
l'œil
раме
l'épaule
прст
le doigt
лице
le visage
брада
le menton
рука
la main
нога
la jambe
груди
la poitrine
рука
le bras

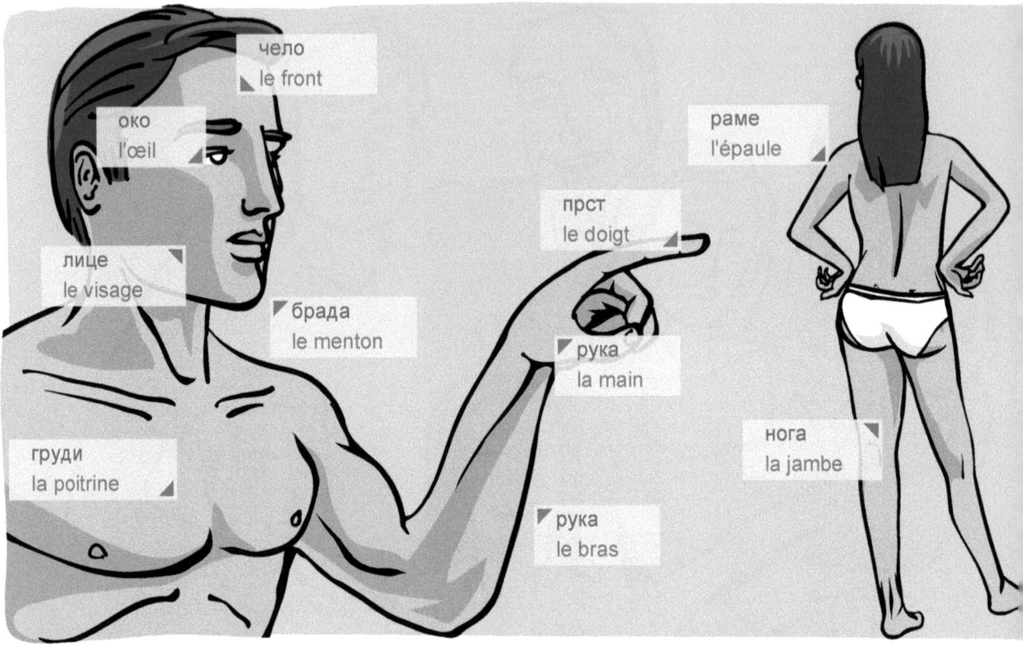

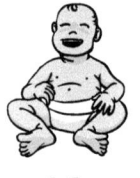

беба

le bébé

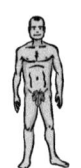

мушкарац

l'homme

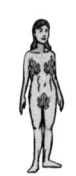

жена

la femme

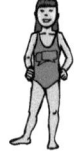

девојчица

la fille

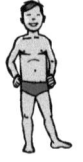

дечак

le garçon

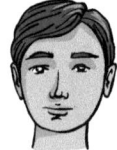

глава

la tête

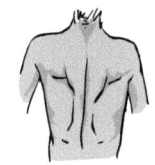

леђа

le dos

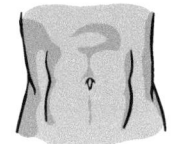

стомак

le ventre

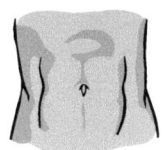

пупак

le nombril

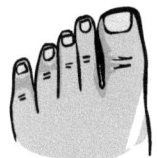

ножни прст

l'orteil

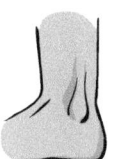

пета

le talon

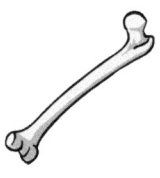

кост

l'os

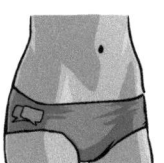

кукови

la hanche

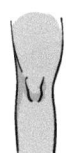

колено

le genou

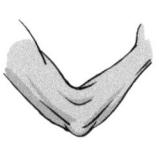

лакат

le coude

нос

le nez

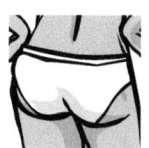

задњица

les fesses

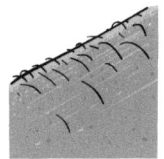

кожа

la peau

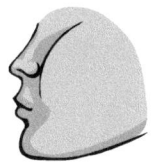

образ

la joue

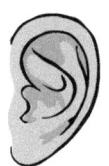

уво

l'oreille

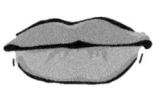

усна

la lèvre

уста

la bouche

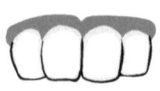

зуб

la dent

језик

la langue

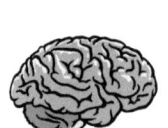

мозак

le cerveau

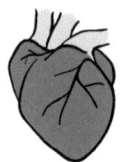

срце

le cœur

мишић

le muscle

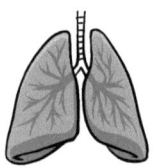

плућа

les poumons

јетра

le foie

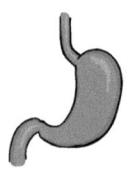

желудац

l'estomac

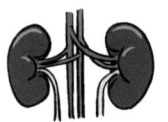

бубрези

les reins

полни однос

le rapport sexuel

кондом

le préservatif

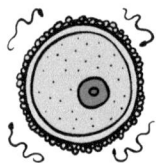

јајна ћелија

l'ovule

сперма

le sperme

трудноћа

la grossesse

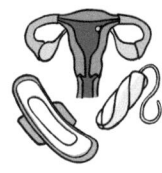

менструација
....
la menstruation

вагина
....
le vagin

пенис
....
le pénis

обрва
....
le sourcil

коса
....
les cheveux

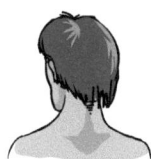

врат
....
le cou

тело - le corps   71

болница
l'hôpital

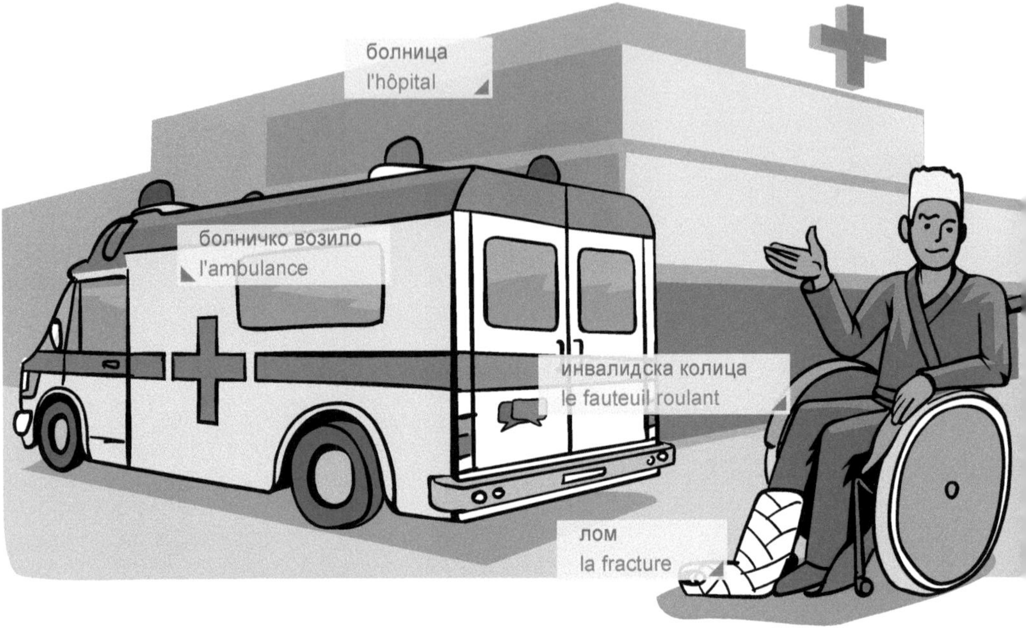

болница
l'hôpital
болничко возило
l'ambulance
инвалидска колица
le fauteuil roulant
лом
la fracture

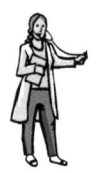

лекар
le médecin

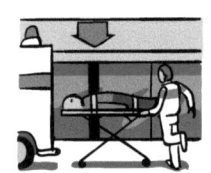

хитна медицинска служба
le service des urgences

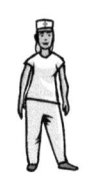

медицинска сестра
l'infirmière

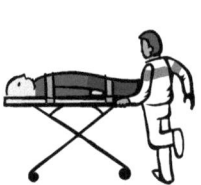

хитни случај
l'urgence

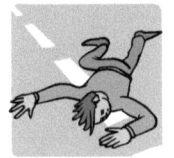

несвест
inconscient

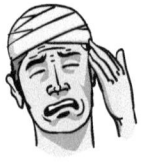

бол
la douleur

повреда

la blessure

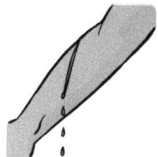

крварење

l'hémorragie

срчани удар

la crise cardiaque

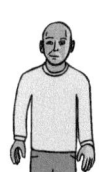

удар

l'attaque cérébrale

алергија

l'allergie

кашаљ

la toux

грозница

la fièvre

грипа

la grippe

пролив

la diarrhée

главобоља

le mal de tête

рак

le cancer

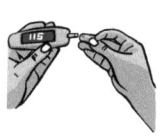

дијабетес

le diabète

хирург

le chirurgien

скалпел

le scalpel

операција

l'opération

цт

le CT

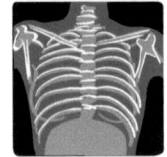

рентген

la radiographie

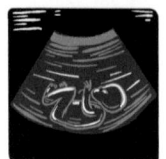

ултразвук

l'échographie

маска

le masque

болест

la maladie

чекаона

la salle d'attente

штака

la béquille

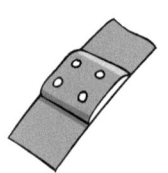

фластер

le pansement

завој

le pansement

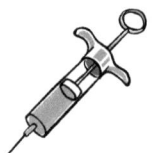

инјекција

l'injection

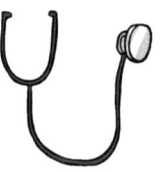

стетоскоп

le stéthoscope

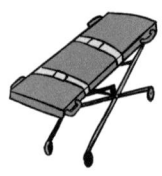

носила

le brancard

термометар

le thermomètre

рођење

l'accouchement

прекомерна тежина

la surcharge pondérale

слушни апарат

l'appareil auditif

средство за дезинфекцију

le désinfectant

инфекција

l'infection

вирус

le virus

хив / аидс

le VIH / le sida

медицина

le médicament

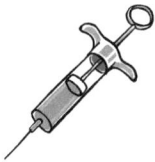

вакцинација

la vaccination

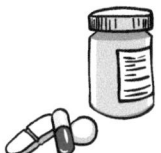

таблете

les comprimés

пилула

la pilule

хитни позив

l'appel d'urgence

уређај за мерење притиска

le tensiomètre

болесно / здраво

malade / sain

помоћ!

Au secours !

аларм

l'alarme

насртај

l'assaut

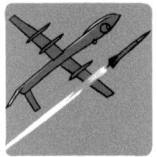

напад

l'attaque

опасност

le danger

излаз у случају нужде

la sortie de secours

пожар!

Au feu!

противпожарни апарат

l'extincteur

незгода

l'accident

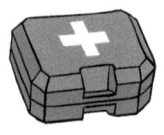

кутија прве помоћи

la trousse de premier secours

сос

SOS

полиција

la police

Европа

l'Europe

Северна Америка

l'Amérique du Nord

Јужна Америка

l'Amérique du Sud

Африка

l'Afrique

Азија

l'Asie

Аустралија

l'Australie

Атлантик

l'Océan atlantique

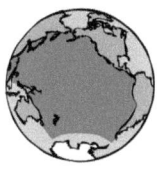

Пацифик

l'Océan pacifique

Индијски океан

l'Océan indien

Антарктички океан

l'Océan antarctique

Арктички океан

l'Océan arctique

Северни рол

le Pôle nord

Јужни рол

le Pôle sud

Антарктик

l'Antarctique

земља

la terre

земља

le pays

море

la mer

оток

l'île

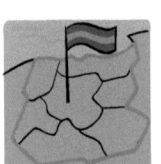

нација

la nation

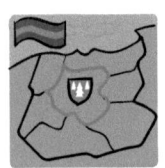

држава

l'état

бројчаник сата

le cadran

сатна казаљка

l'aiguille des heures

минутна казаљка

l'aiguille des minutes

секундна казаљка

l'aiguille des secondes

Колико је сати?

Quelle heure est-il ?

дан

le jour

време

le temps

сада

maintenant

дигитални сат

la montre digitale

минута

la minute

час

l'heure

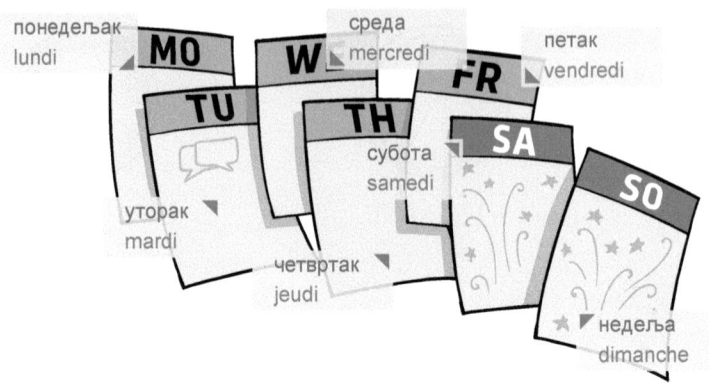

понедељак
lundi

среда
mercredi

петак
vendredi

уторак
mardi

четвртак
jeudi

субота
samedi

недеља
dimanche

јуче
....
hier

данас
....
aujourd'hui

сутра
....
demain

јутро
....
le matin

подне
....
le midi

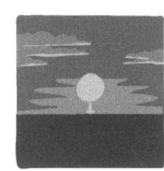

вече
....
le soir

радни дани
....
les jours ouvrables

викенд
....
le week-end

година
l'année

киша
la pluie
дуга
l'arc-en-ciel
снег
la neige
ветар
le vent
пролеће
le printemps
јесен
l'automne
лето
l'été
зима
l'hiver

4.APRIL 11°
5.APRIL 4°
6.APRIL 13°
7.APRIL 8°
8.APRIL 10°

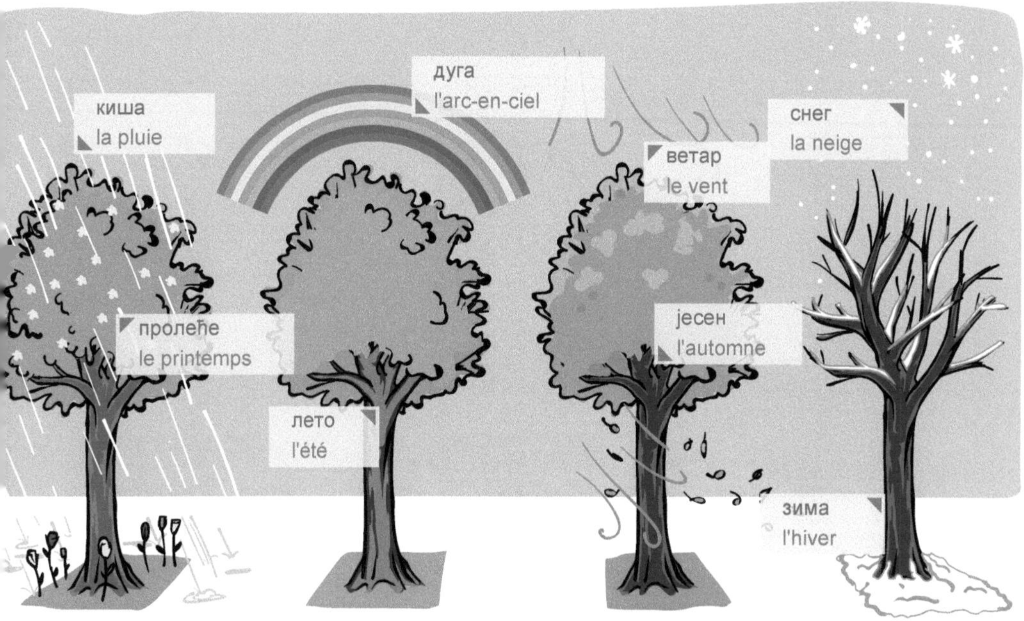

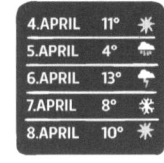

метеоролошка прогноза

la météo

F C
120 40
90 30
60 20
30 10
0 0
-30 -10
-20

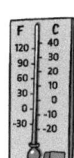

термометар

le thermomètre

сунчана светлост

la lumière du soleil

облак

le nuage

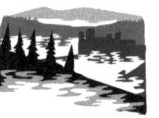

магла

le brouillard

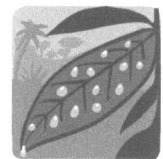

влажност ваздуха

l'humidité

муња

la foudre

грмљавина

la tonnerre

олуја

la tempête

туча

la grêle

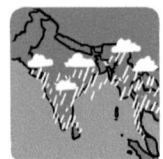

монсун

la mousson

поплава

l'inondation

лед

la glace

јануар

janvier

фебруар

février

март

mars

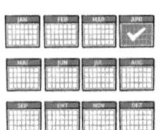

април

avril

мај

mai

јуни

juin

јули

juillet

август

août

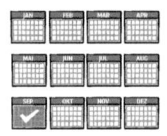

септембар
....
septembre

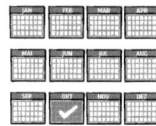

октобар
....
octobre

новембар
....
novembre

децембар
....
décembre

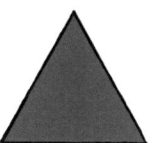

круг
....
le cercle

квадрат
....
le carré

правоугао
....
le rectangle

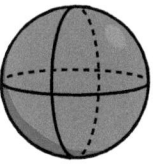

троугао
....
le triangle

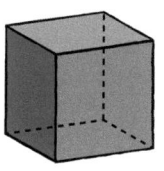

кугла
....
la sphère

коцка
....
le cube

бела

blanc

жута

jaune

наранџаста

orange

ружичаста

rose

црвена

rouge

љубичаста

violet

плава

bleu

зелена

vert

смеђа

marron

сива

gris

црна

noir

много / мало

beaucoup / peu

љутито / мирно

fâché / calme

лепо / ружно

joli / laid

почетак / крај

le début / la fin

велико / малено

grand / petit

светло / тамно

clair / obscure

брат / сестра

frère / soeur

чисто / прљаво

propre / sale

потпуно / непотпуно

complet / incomplet

дан / ноћ

le jour / la nuit

мртво / живо

mort / vivant

широко / уско

large / étroit

јестиво / нејестиво

comestible / incomestible

зло / добро

méchant / gentil

узбуђено / досадно

excité / ennuyé

дебело / мршаво

gros / mince

на почетку / на крају

le premier / le dernier

пријатељ / непријатељ

l'ami / l'ennemi

пуно / празно

plein / vide

тврдо / мекано

dur / souple

тешко / лагано

lourd / léger

глад / жеђ

faim / soif

болесно / здраво

malade / sain

илегално / легално

illégal / légal

паметно / глупо

intelligent / stupide

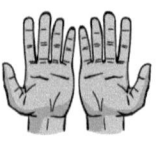

лево / десно

gauche / droite

близу / далеко

proche / loin

ново / половно

nouveau / usé

ништа / нешто

rien / quelque chose

старо / младо

vieux / jeune

укључено / искључено

marche / arrêt

отворено / затворено

ouvert / fermé

тихо / гласно

faible / fort

богато / сиромашно

riche / pauvre

тачно / погрешно

correct / incorrect

храпаво / глатко

rugueux / lisse

тужно / сретно

triste / heureux

кратко / дуго

court / long

полако / брзо

lent / rapide

мокро / сухо

mouillé / sec

топло / хладно

chaud / froid

рат / мир

la guerre / la paix

0

нула

zéro

1

један

un / une

2

два

deux

3

три

trois

4

четири

quatre

5

пет

cinq

6

шест

six

7

седам

sept

8

осам

huit

9

девет

neuf

10

десет

dix

11

једанаест

onze

12

дванаест

douze

13

тринаест

treize

14

четрнаест

quatorze

15

петнаест

quinze

16

шестнаест

seize

17

седамнаест

dix-sept

18

осамнаест

dix-huit

19

деветнаест

dix-neuf

20

двадесет

vingt

100

стотину

cent

1.000

хиљаду

mille

1.000.000

милион

le million

бројеви - les nombres

енглески

l'anglais

амерички енглески

l'anglais américain

мандарински кинески

le chinois mandarin

хиндски

le hindi

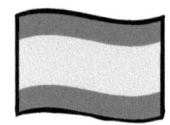

шпански

l'espagnol

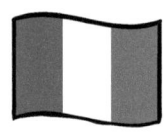

француски

le français

арапски

l'arabe

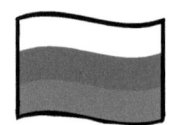

руски

le russe

португалски

le portugais

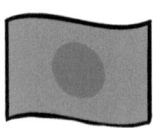

бенгалски

le bengali

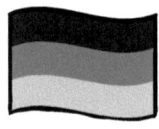

немачки

l'allemand

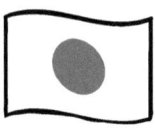

јапански

le japonais

ja
je

ти
tu

он / она / оно
il / elle / ce, c', cela

ми
nous

ви
vous

они
ils / elles

Ко?
Qui ?

Шта?
Quoi ?

Како?
Comment ?

Где?
Où ?

Када?
Quand ?

име
le nom

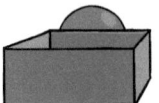

иза

derrière

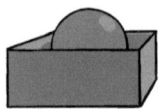

у

dans

испред

devant

преко

au-dessus

на

sur

испод

en-dessous

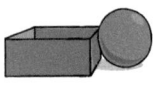

поред

à côté de

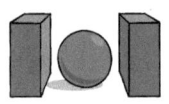

између

entre

место

le lieu